TU LUGAR
en el UNIVERSO

JASON CHIN

Para Vanessa Ford

Me gustaría agradecer a la doctora Margaret Geller y al doctor Scott Kenyon,
del Centro de Astrofísica de Harvard, su tiempo y sus conocimientos.
No podría haber hecho este libro sin ellos.

Puedes consultar nuestro catálogo en www.picarona.net

TU LUGAR EN EL UNIVERSO
Texto e ilustraciones: *Jason Chin*

1.ª edición: abril de 2022

Título original: *Your Place in the Universe*

Traducción: *David Aliaga*
Maquetación: *El Taller del Llibre, S. L.*
Corrección: *Sara Moreno*

© 2020, Jason Chin
Originalmente publicado por Holiday House Publishing Inc., NY, USA.
Derechos de traducción al español negociados
a través de Sandra Bruna Ag. Lit. S. L.
(Reservados todos los derechos)

© 2022, Ediciones Obelisco, S. L.
www.edicionesobelisco.com
(Reservados los derechos para la lengua española)

Edita: Picarona, sello infantil de Ediciones Obelisco, S. L.
Collita, 23-25. Pol. Ind. Molí de la Bastida
08191 Rubí - Barcelona - España
Tel. 93 309 85 25
E-mail: picarona@picarona.net

ISBN: 978-84-9145-562-2
Depósito Legal: B-2.982-2022

Impreso en ANMAN, Gràfiques del Vallès, S. L.
C/ Llobateres, 16-18, Tallers 7 - Nau 10, Polígon Industrial Santiga
08210 - Barberà del Vallès - Barcelona

Printed in Spain

Estos niños tienen ocho años.

Son aproximadamente cinco veces más altos que este libro,

Ocho años
La altura promedio a la edad de ocho años es de 1,27 metros (50 pulgadas).

pero solamente la mitad de altos que...

Pulgadas
Las pulgadas son una unidad de medida que, especialmente en los países anglosajones, se usa para medir cosas que son más pequeñas que una persona, como los libros.

…este avestruz. Los avestruces son las aves más altas del mundo, y pueden llegar a medir casi 3 metros (9 pies).

Eso es incluso más de lo que miden dos niños de ocho años
uno encima de otro, pero la mitad de lo que mide…

Esta **avestruz**
mide 2,5 metros (100 pulgadas).

...esta jirafa.

Pies

Un pie equivale a 12 pulgadas o 30,48 cm. Los pies son útiles para medir cosas que son más altas que los humanos, como los avestruces y las jirafas.

Las jirafas son los animales más altos de la Tierra. La jirafa más alta
de la que se tiene constancia medía casi 6 metros (19 pies),
lo que es más de 2 veces lo que mide el avestruz más alto.
Pero las jirafas no son los seres vivos
más altos del mundo.

Esta jirafa
mide 5,3 metros (17,4 pies).

Los seres vivos más altos son los árboles.

Los árboles más altos del planeta
son las secuoyas rojas, la más alta
de las cuales mide más
de 115 metros (380 pies).
Es 20 veces más alta que la jirafa
más alta, y todavía sigue creciendo.
Y, aun así, no es tan alta como…

Este **roble**
mide 30,5 metros (100 pies).

Esta **ceiba**
mide 45,7 metros (150 pies).

Esta **secuoya gigante**
mide 87,2 metros (286 pies).

Este **fresno de montaña australiano**
mide 99,8 metros (327 pies).

Esta **secuoya roja**
mide 115,8 metros (380 pies).

...las estructuras más altas construidas
por los humanos.

El edificio más alto del mundo es siete veces
más alto que la secuoya roja más alta.
¡Y la gente sigue construyendo edificios
más y más altos! Pero incluso estos enormes
edificios son pequeñitos comparados con...

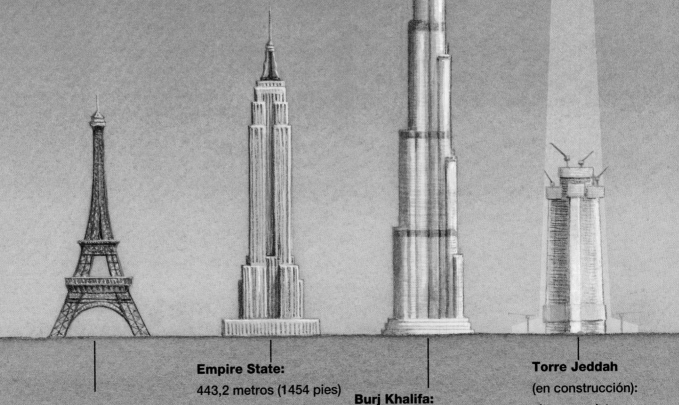

Torre **Eiffel:**
324 metros (1063 pies)

Empire State:
443,2 metros (1454 pies)

Burj Khalifa:
828,1 metros (2717 pies)

Torre Jeddah
(en construcción):
altura prevista
de 1 kilómetro (3281 pies)

...la montaña más alta de la Tierra.

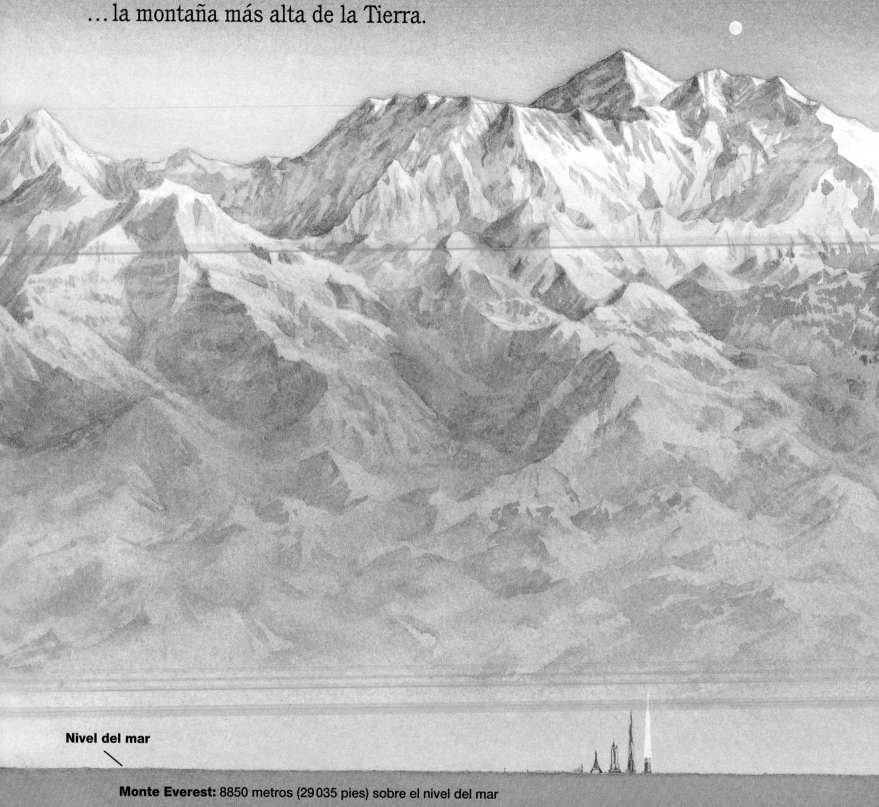

Nivel del mar

Monte Everest: 8850 metros (29 035 pies) sobre el nivel del mar

El monte Everest es la cima más alta de la Tierra medida desde el nivel del mar. La montaña más alta

medida desde su base es el Mauna Kea, en Hawái, pero su base se encuentra por debajo del nivel del mar.

Mide 9966 metros (32 696 pies) desde el fondo del mar –1115,8 metros más que el Everest–,

¡pero la mayoría queda bajo el agua!

Medido desde el nivel del mar, el monte Everest tiene 8850 metros, lo que equivale a unas 5,5 millas, casi 9 veces la altura del edificio más alto que se está construyendo ahora mismo. Pero incluso el monte Everest no puede compararse con…

Millas

Una milla equivale a 1,6 kilómetros (5280 pies). Las millas son útiles para medir distancias mayores que los pies o los metros, como la distancia entre dos ciudades, la longitud de un río o la altura del monte Everest.

Kilómetros

Un kilómetro equivale a 1000 metros. Como las millas, son útiles para medir grandes distancias.

Exosfera
Entre 700 y 10 000 kilómetros (440 y 6 200 millas)
sobre la superficie de la Tierra.

Estación Espacial Internacional
La EEI orbita en la termosfera,
a 400 kilómetros sobre la Tierra.

...el espacio.

Aunque no existe una altura exacta para el borde del espacio, se suele decir que mide casi 100 kilómetros (62 millas). La Estación Espacial Internacional orbita a unos 400 kilómetros (248 millas) sobre el nivel del mar. Eso es 45 veces más que la altura del monte Everest. Aunque eso no es nada comparado con...

Termosfera
Entre 80 y 708 kilómetros (50 y 440 millas)

Auroras
Conocidas como luces del norte, las auroras se producen en la termosfera.

Borde del espacio: Aproximadamente 100 kilómetros (62 millas)

Meteoritos
La mayoría de los meteoritos combustionan cuando entran en la mesosfera.

Mesosfera
Entre 50 y 80 kilómetros (31 y 50 millas)

Nubes
Casi todas las nubes están en la troposfera.

Avión
Los aviones a menudo vuelan por la estratosfera.

Estratosfera
Entre 11 y 50 kilómetros (7 y 31 millas)

Monte Everest:
8850 metros

Troposfera: Entre la superficie y 11 kilómetros (7 millas)

Nivel del mar

La atmósfera de la Tierra: Nuestro planeta está rodeado por un manto de gases (aire) llamado atmósfera. Nosotros vivimos en la troposfera, donde el aire es más denso. El aire en la estratosfera es demasiado fino como para que los humanos pudiésemos sobrevivir. El espacio exterior comienza en la termosfera, donde la atmósfera es extremadamente volátil. La atmósfera desaparece por completo al final de la exosfera, a casi 10000 kilómetros (6000 millas) de la superficie de la Tierra.

… el planeta.

La Tierra tiene un diámetro de 12 756 kilómetros.
Eso es 128 veces la distancia que hay entre el nivel
del mar y el borde del espacio. Desde lejos, la atmósfera
visible parece una delgada película azul que rodea
nuestro planeta, de la que la Estación Espacial
Internacional no queda tan lejos. La Tierra es enorme,
pero no es tan grande si la comparas con…

Órbitas

Los satélites, como la Estación Espacial Internacional, viajan alrededor de la Tierra en trayectorias
circulares u ovaladas llamadas órbitas. La gravedad mantiene a los satélites en órbita alrededor
de nuestro planeta.

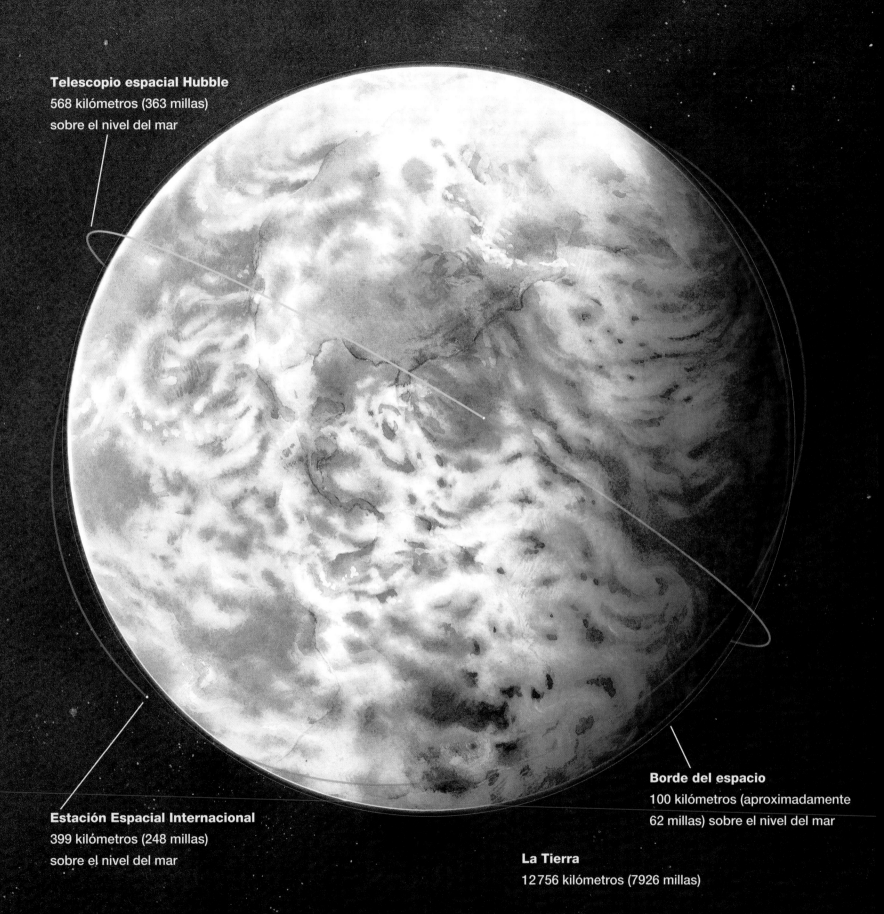

Telescopio espacial Hubble
568 kilómetros (363 millas)
sobre el nivel del mar

Borde del espacio
100 kilómetros (aproximadamente
62 millas) sobre el nivel del mar

Estación Espacial Internacional
399 kilómetros (248 millas)
sobre el nivel del mar

La Tierra
12 756 kilómetros (7926 millas)

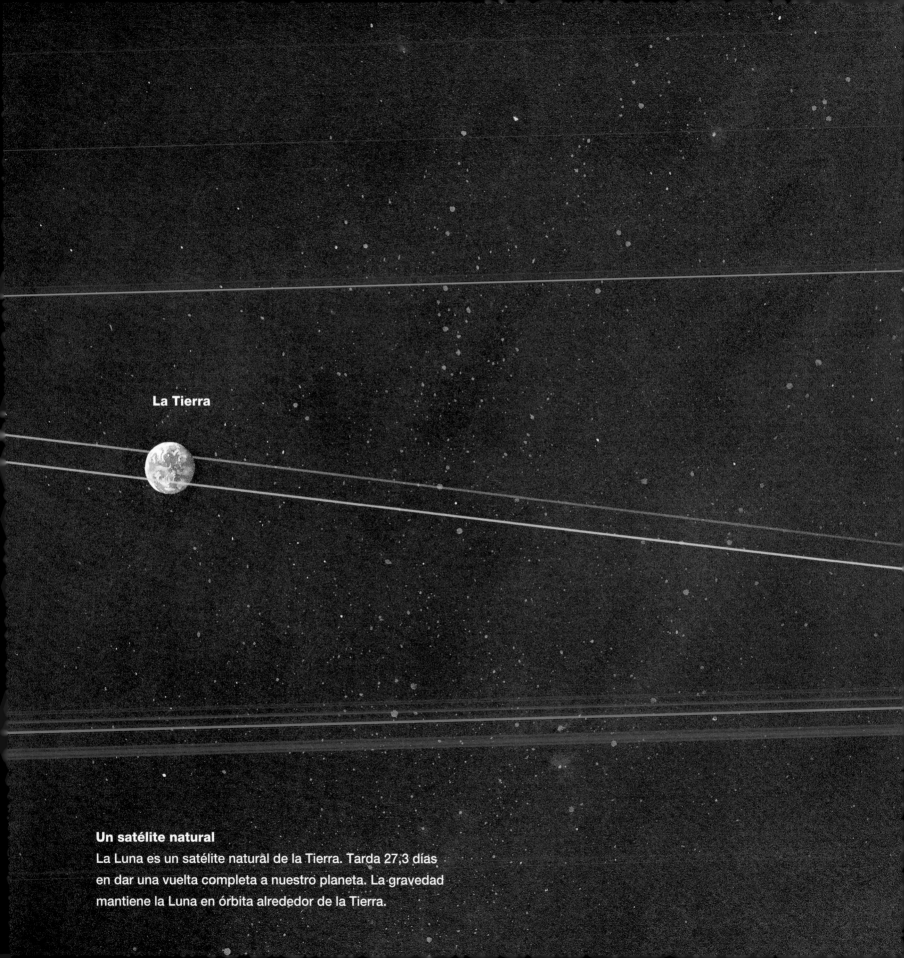

La Tierra

Un satélite natural
La Luna es un satélite natural de la Tierra. Tarda 27,3 días
en dar una vuelta completa a nuestro planeta. La gravedad
mantiene la Luna en órbita alrededor de la Tierra.

…la órbita de la Luna.

La Luna está a 384 400 kilómetros de la Tierra.
Está tan lejos que cabrían 29 planetas Tierra entre
ambas. Está tan lejos que un avión que viajase a
800 kilómetros por hora tardaría 19 días en llegar
de la una a la otra. Pero incluso la Luna está cerca
si lo comparamos con…

La Luna
A 384 400 kilómetros
(238 855 millas) de la Tierra.

Ceres

Distancia promedio respecto al Sol: 414 millones de kilómetros (257 millones de millas)

Mercurio

Distancia promedio respecto al Sol: 58 millones de kilómetros (36 millones de millas)

Marte

Distancia promedio respecto al Sol: 228 millones de kilómetros (142 millones de millas)

Venus

Distancia promedio respecto al Sol: 108 millones de kilómetros (67 millones de millas)

La Tierra y la Luna

Distancia promedio respecto al Sol: 150 millones de kilómetros (93 millones de millas)

Sol

Los planetas interiores

Los cuatro planetas más cercanos al Sol son Mercurio, Venus, la Tierra y Marte. Son conocidos como planetas terrestres porque están hechos de roca y metal y tienen superficies sólidas. Más allá de los planetas interiores hay cientos de miles de asteroides rocosos en el cinturón de asteroides. El cuerpo más grande en el cinturón de asteroides es el planeta enano Ceres.

… el Sol.

La Tierra está a 150 millones de kilómetros (93 millones de millas) del Sol. Tan lejos que un avión que viajase a 800 kilómetros por hora tardaría más de *20 años* en llegar. Tan lejos que la luz del Sol tarda 8 minutos en llegar a la Tierra, ¡y la luz viaja a 300 000 kilómetros por segundo! Aun así, la Tierra es uno de los planetas más cercanos al Sol.

Cinturón de asteroides

La velocidad de la luz

La luz viaja a 300 000 kilómetros por segundo (186 000 millas por segundo). Tan rápido que un rayo de luz podría dar la vuelta a la Tierra siete veces y media en un segundo (si pudiese viajar circularmente). Nada va tan deprisa como la luz.

Hay cinco planetas más allá de la Tierra. El más lejano es Neptuno, que está 30 veces más lejos del Sol que la Tierra. El planeta enano Plutón está 40 veces más lejos, por lo que la luz del Sol tarda más de cinco *horas* y media en alcanzarlo. Plutón es parte del cinturón de Kuiper, en el que hay miles de millones de cometas y cuatro planetas enanos. Pero ahí no acaba el sistema solar.

Eris
Distancia promedio respecto al Sol: 10 100 millones de kilómetros (6300 millones de millas)

La Tierra, el Sol y los planetas interiores

Plutón
Distancia promedio respecto al Sol: 5900 millones de kilómetros (3700 millones de millas)

Urano
Distancia promedio respecto al Sol: 2900 millones de kilómetros (1800 millones de millas)

Saturno
Distancia promedio respecto al Sol: 1400 millones de kilómetros (887 millones de millas)

Neptuno
Distancia promedio respecto al Sol: 4500 millones de kilómetros (2800 millones de millas)

Júpiter
Distancia promedio respecto al Sol: 788 millones de kilómetros (484 millones de millas)

Los planetas exteriores y más allá
Júpiter, Saturno, Urano y Neptuno son los planetas más alejados del Sol. Son muy grandes y muy fríos, y están rodeados por atmósferas densas. Más allá de ellos, en el cinturón de Kuiper, hay cuatro planetas enanos –Eris, Plutón, Haumea y Makemake– y miles de millones de cometas. Los científicos creen que hay miles de billones de cometas aún más lejos. Éstos son los objetos más lejanos en nuestro sistema solar.

Los científicos creen que hay miles de billones de cometas más allá del cinturón de Kuiper. El más lejano de ellos podría estar 100 000 veces más lejos del Sol de lo que lo está la Tierra. A la luz del Sol le llevaría más de un año llegar tan lejos, lo que sitúa el borde de nuestro sistema solar a más de un año luz de distancia. Pero nuestro sistema solar es solamente una mota de polvo si lo comparamos con el tamaño de...

Haumea
Distancia promedio respecto al Sol: 6400 millones de kilómetros (4000 millones de millas)

Makemake
Distancia promedio respecto al Sol: 6900 millones de kilómetros (4300 millones de millas)

Cinturón de Kuiper

Años luz
Los años luz son una unidad de medida de distancia (no de tiempo). Es la distancia a la que la luz llegaría en un año (unos 9400 billones de kilómetros). Los astrónomos miden las distancias entre estrellas y galaxias en años luz.

Sagitario A*
El agujero negro en el centro de la Vía Láctea

Nuestro sistema solar
A 27 000 años luz del centro de la galaxia

La Vía Láctea

Las galaxias son grupos de estrellas unidas por la gravedad. La Vía Láctea es una galaxia espiral, y al igual que los planetas de nuestro sistema solar orbitan alrededor del Sol, las estrellas de la Vía Láctea orbitan alrededor del centro de la galaxia. Escondido en el centro de la Vía Láctea hay un agujero negro llamado Sagitario A* (pronunciado Sagitario A estrella), que es 4 millones de veces más grande que el Sol.

…nuestra galaxia.

La Vía Láctea tiene una extensión de
100 000 años luz y contiene más
de 100 000 millones de estrellas.
Una de ellas es nuestro Sol. Hay tantas
estrellas que, desde cierta distancia,
parecen mezclarse y formar remolinos
de nubes lumínicas. Nosotros estamos
a unos 27 000 años luz del centro de
la galaxia, lo que significa que incluso
aunque pudiésemos viajar a la velocidad
de la luz, ¡tardaríamos 27 000 años
en llegar allí! Pero eso no es nada
comparado con la distancia hasta…

…la galaxia Andrómeda.

Andrómeda es la galaxia más cercana a la nuestra, pero está a 2,5 millones de años de luz; nos llevaría 2,5 millones de años viajando a la velocidad de la luz llegar a Andrómeda. Andrómeda y la Vía Láctea son parte de un grupo de galaxias llamado Grupo Local. Está formado por unas 50 galaxias, y se extiende a lo largo de millones de años luz por el espacio. Pero los grupos de galaxias son pequeños comparados con…

Andrómeda
A unos 2,5 millones
de años luz de la Tierra

Vía Láctea

Ver el pasado
La luz de Andrómeda tarda 2,5 millones en llegar a la Tierra. Esto significa que cuando miramos a Andrómeda, estamos viendo una luz que salió de allí hace 2,5 millones de años, y la imagen que vemos tiene 2,5 millones de años. ¡Estamos viendo el pasado!

...los cúmulos de galaxias.

Los cúmulos de galaxias son mucho más grandes que los grupos de galaxias. El cúmulo de Virgo es el mayor cúmulo de galaxias cerca de nosotros. Contiene alrededor de 2000 galaxias y está a unos 50 millones de años luz. Pero no es el único. Hay muchos cúmulos y grupos alrededor de Virgo, y juntos forman el Supercúmulo Local. Pero incluso un supercúmulo es sólo una pequeña parte de...

Grupo Local

Cúmulo de Virgo
A unos 50 millones de años
luz de la Tierra

Cuanto más lejos mires...
Cuanto más lejos mires, más atrás en el tiempo estarás viendo. Si miras al Sol,
estarás viendo 8 minutos atrás en el tiempo. Si miras a Andrómeda, verás
2,5 millones de años atrás en el tiempo. Si miras a Virgo, estarás viendo
50 millones de años en el pasado.

...la telaraña cósmica.

Enormes cadenas de galaxias, de millones de años luz de largo,
se encadenan a través del espacio. Los cúmulos de galaxias se
encuentran donde las cadenas convergen, y entre las galaxias
hay vastas regiones llamadas vacíos. Este patrón es conocido
como la telaraña cósmica, y se extiende miles de millones de años
luz en todas direcciones, como una red tridimensional gigante.
Éstas son las estructuras más grandes en...

Supercúmulo Local
Nosotros podríamos estar ubicados en un vacío como éste.

La telaraña cósmica
Esta ilustración muestra el patrón de vacíos y cadenas de galaxias
que forman la telaraña cósmica, pero no la posición real de las galaxias.
Las pruebas sugieren que nuestro supercúmulo está ubicado en un gran vacío,
pero no lo sabemos a ciencia cierta.

Borde observable del universo
Esto es lo más lejos que podemos ver
desde la Tierra, a unos 13 000 millones
de años luz.

Nosotros
estamos aquí,
pero no es el centro del universo,
sólo el centro de la parte que
podemos ver.

El universo observable
El universo observable es la parte del
universo que podemos ver desde donde nos
encontramos. Esta región del universo es
enorme, y se estima que contiene 2000 billones
de galaxias, pero el universo se extiende más
allá de donde alcanza nuestra vista. Nosotros
estamos en el centro del universo observable,
pero no estamos en el centro del universo completo.

… el universo.

El universo es todo: cada estrella y cada galaxia,
cada planeta y todo el espacio. Es el entorno más
grande que conocemos, y podría estar expandiéndose
eternamente, aunque no sabemos si lo hace. No lo
sabemos porque lo más lejos que podemos ver es
a unos 13 000 millones de años luz. Todo lo que
se encuentra dentro de esa distancia es llamado el
universo observable. Es la región del universo que
podemos ver…

…desde donde estamos.

En la gran telaraña cósmica, en la Vía Láctea,
en el sistema solar, hay un pequeño planeta azul
llamado Tierra. La Tierra es el único planeta que
conocemos en el que hay vida. Es el único planeta
que conocemos en el que hay árboles, jirafas y
avestruces. Es el único planeta que conocemos
con niños que pueden mirar hacia arriba e
imaginar…

...su lugar en el universo.

MÁS ALLÁ DE LA ESCALA HUMANA

Es relativamente fácil comprender el tamaño de las cosas con las que interactuamos a diario, como libros, edificios o árboles. Estos objetos están a una escala humana, y no es difícil medirlos. Las distancias más grandes, como la altura del monte Everest o la distancia hasta el borde del espacio, están fuera de nuestra experiencia diaria y son difíciles de comprender. Nuestro sistema solar, nuestra galaxia y el universo están a una escala mucho mayor, y es incluso más difícil de imaginar. Pero haciendo mediciones precisas, mapas y modelos, podemos empezar a comprender medidas y distancias más allá de la escala humana. Esto nos ayuda a comprender no solamente nuestro tamaño, también dónde estamos. Al medir la distancia que nos separa de otros planetas, estrellas y galaxias, los astrónomos nos han mostrado la escala del cosmos y han empezado a revelar nuestro lugar en el universo.

ASTRONOMÍA Y TELESCOPIOS

Los astrónomos son científicos que formulan preguntas sobre lo que hay más allá de la Tierra, incluyendo estrellas, planetas y galaxias. El telescopio es la herramienta más importante de un astrónomo. Las estrellas y las galaxias que son demasiado pequeñas y demasiado tenues como para verlas con nuestros propios ojos se estudian con ayuda de un telescopio. Los telescopios han permitido a los astrónomos medir la distancia que nos separa de estrellas, planetas y galaxias y aprender dónde estamos en el universo.

El telescopio espacial Hubble es uno de los telescopios más potentes que jamás se hayan construido.

LA TIERRA Y EL SISTEMA SOLAR

La Tierra es nuestro hogar, y vista desde nuestra posición sobre su superficie, es absolutamente enorme. Tiene un diámetro de 12 756 kilómetros (7926 millas), y 40 073 kilómetros (24 900 millas) en su ecuador. Se necesitarían 31 millones de niños de 8 años estirados uno detrás de otro para rodear el globo. El punto más alto de a Tierra es la cima del monte Everest, y el punto más bajo se encuentra en la fosa de las Marianas, en el océano Pacífico.

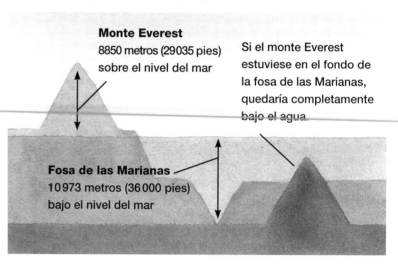

Monte Everest
8850 metros (29035 pies) sobre el nivel del mar

Si el monte Everest estuviese en el fondo de la fosa de las Marianas, quedaría completamente bajo el agua.

Fosa de las Marianas
10 973 metros (36 000 pies) bajo el nivel del mar

LA ATMÓSFERA DE LA TIERRA

La atmósfera de la Tierra hace posible que haya vida en nuestro planeta. Nuestra atmósfera nos protege de la dañina radiación solar, atrapa el calor y nos mantiene calientes, y nos proporciona el aire que necesitamos para respirar. La atmósfera de la Tierra tiene cinco capas, y nosotros vivimos en la que se llama troposfera. Casi todas las nubes y fenómenos meteorológicos están en la troposfera, y es la única capa en la que hay suficiente aire como para que podamos respirar. Pero la troposfera tiene solamente 11 kilómetros de altura. ¡Si la Tierra tuviese el tamaño de una pelota de baloncesto, la troposfera sería tan fina como una postal!

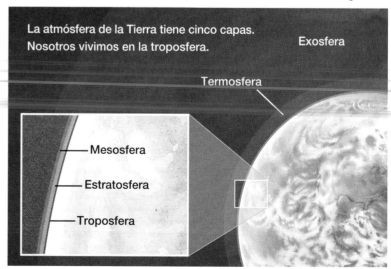

La atmósfera de la Tierra tiene cinco capas. Nosotros vivimos en la troposfera.

Exosfera

Termosfera

Mesosfera

Estratosfera

Troposfera

EL SISTEMA SOLAR

Nuestro sistema solar está compuesto por el Sol y todos los objetos que orbitan a su alrededor. Hay ocho planetas, cinco conocidos como planetas enanos, más de cien lunas, miles de millones de cometas y cientos de miles de asteroides. El sistema solar en el cinturón de Kuiper es como un disco plano, y esa parte del sistema tiene unos 16 000 millones de kilómetros de ancho. La nube de Oort es una nube esférica de cometas que los científicos creen que rodea el Sol y sus planetas, y es enorme. Nadie sabe dónde acaba la nube de Oort, pero se estima que se extiende entre 1,5 y 14 000 billones de kilómetros (1,5 años luz, aproximadamente) del Sol.

La Tierra

Planetas interiores y cinturón de asteroides

Planetas exteriores y cinturón de Kuiper

Nube de Oort

EN LA ZONA DE HABITABILIDAD

De todos los objetos en nuestro sistema solar, la Tierra es el único planeta que está en el preciso lugar que permite tener agua líquida, y por eso puede albergar vida. Si la Tierra estuviese demasiado cerca del Sol, haría tanto calor que su agua se evaporaría. Si la Tierra estuviese demasiado lejos, haría tanto frío que su agua se congelaría. La Tierra está en el lugar preciso –ni demasiado cerca ni demasiado lejos; ni demasiado caliente ni demasiado frío–, que se conoce como zona de habitabilidad.

EL SOL Y LOS PLANETAS

El tamaño de los planetas es muy diverso. El planeta enano Plutón es más pequeño que la Luna, mientras que el más grande, Júpiter, es tan enorme que podría contener más de cien Tierras. Pero el Sol es aún más grande, ¡cabrían en él más de un millón de Tierras!

Mercurio Venus La Tierra La Luna Marte Júpiter Saturno Urano Neptuno El Sol

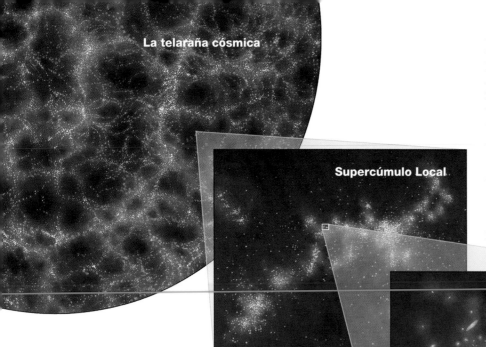

La telaraña cósmica

EL UNIVERSO

El universo es todo el espacio y todo lo que hay en él. Nosotros podemos ver solamente una parte del universo, la parte que llamamos universo observable. El espacio se extiende más allá de donde nos alcanza la vista, y como no podemos ver más allá, es imposible saber dónde nos encontramos de todo el universo. Si miramos una ilustración del universo observable, podría parecer que somos el centro de todo, pero eso es un error. El universo observable está centrado en nosotros, pero eso no significa que seamos el centro de todo el universo. De hecho, ¡los astrónomos no creen que el universo tenga un centro!

Supercúmulo Local

Grupo Local

Vía Láctea

Sistema solar

LA TELARAÑA CÓSMICA

Las galaxias se ordenan en el espacio en un patrón llamado telaraña cósmica. Algunas regiones del espacio, llamadas vacíos, tienen relativamente pocas galaxias, mientras que otras regiones tienen densos conjuntos de galaxias. Nosotros estamos en un grupo de cúmulos de galaxias llamado Supercúmulo Local.

GRUPOS Y CÚMULOS DE GALAXIAS

Los grupos de galaxias y los cúmulos de galaxias son conjuntos de galaxias, y la gravedad de todas esas galaxias atrayéndose unas a otras es lo que las mantiene unidas. Los grupos de galaxias contienen unas pocas decenas de galaxias; los cúmulos de galaxias, algunas más. El cúmulo de Virgo contiene alrededor de 2000 galaxias, y nuestro Grupo Local está más cerca.

GALAXIAS

Las galaxias son enormes conjuntos de estrellas que se mantienen próximas a causa de la gravedad. Pueden tener millones o miles de millones de estrellas. ¡Algunas incluso más de mil billones! Muchas galaxias, como nuestra Vía Láctea, tienen agujeros negros supermasivos en su centro. Nuestra Vía Láctea tiene más de 100 000 millones de estrellas.

SISTEMAS PLANETARIOS

Los sistemas planetarios están formados por estrellas con planetas orbitando a su alrededor, como nuestro sistema solar. La gravedad mantiene los sistemas unidos. Hay cientos de sistemas planetarios más allá del nuestro, y los planetas que orbitan alrededor de estrellas distintas al Sol son llamados exoplanetas. Hasta ahora, los astrónomos han descubierto casi 4000 exoplanetas, y esperan descubrir muchos más.

¡Hola, terrícolas!

La Tierra
El Sistema Solar
La Vía Láctea
El Grupo Local
El Supercúmulo Local
El universo

NUESTRA DIRECCIÓN CÓSMICA

Si una amiga quiere enviarte una carta, tiene que conocer tu dirección. Necesitaría escribir el número de tu casa o edificio, la calle, el pueblo, la provincia y, posiblemente, el país. Pero ¿y si un alienígena quisiera escribirnos desde otra galaxia? Para recibir esa carta en la Tierra tendría que usar nuestra dirección cósmica, la dirección que indica nuestra ubicación en el espacio.

EL AÑO LUZ

Un año luz es una medida de distancia (no de tiempo). Es la distancia que la luz recorre en un año (unos 9400 billones de kilómetros). La distancia entre estrellas y galaxias a menudo se expresa en años luz. Esto nos muestra cómo de lejos están y cuánto tarda su luz en alcanzarnos. Por ejemplo, la luz de una estrella a 10 años luz de nosotros tardaría 10 años en llegarnos.

VER EL PASADO

Como la luz de las estrellas y las galaxias tarda cierto tiempo en alcanzarnos, siempre las vemos como eran en el pasado y no como son hoy. Por ejemplo, la luz del Sol tarda 8 minutos en llegar a la Tierra. La luz que vemos ahora salió del Sol hace 8 minutos, así que la imagen del Sol que vemos es de hace 8 minutos, por lo tanto, es como si estuviésemos viendo 8 minutos en el pasado. Cuanto más lejos está un objeto, más tiempo le lleva a la luz alcanzarnos y más atrás en el pasado estamos viendo. La estrella más cercana al Sol (Próxima Centauri) está a 4,2 años luz, así que la vemos como era hace 4,2 años. La galaxia de Andrómeda está a 2,5 millones de años luz, así que la vemos como era hace 2,5 millones de años.

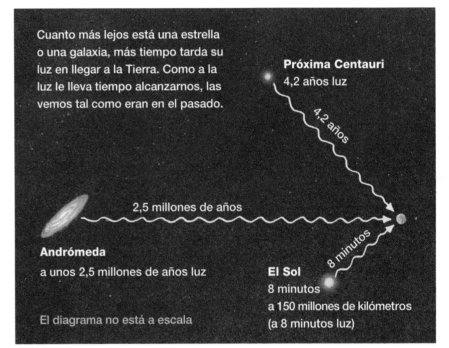

Cuanto más lejos está una estrella o una galaxia, más tiempo tarda su luz en llegar a la Tierra. Como a la luz le lleva tiempo alcanzarnos, las vemos tal como eran en el pasado.

Próxima Centauri
4,2 años luz

4,2 años

2,5 millones de años

Andrómeda
a unos 2,5 millones de años luz

8 minutos

El Sol
8 minutos
a 150 millones de kilómetros
(a 8 minutos luz)

El diagrama no está a escala

La luz del borde del universo observable ha viajado durante 13 000 millones de años y a través de 13 000 millones de años luz hasta llegar a nosotros.

13 000 millones de años

LO MÁS LEJOS QUE PODEMOS VER

Los astrónomos creen que el universo tiene unos 13 000 millones de años (aunque el debate sobre su edad exacta sigue abierto), y la edad del universo es lo que limita lo que podemos ver. Cuando miramos más y más lejos, vemos el universo como era más y más atrás en el tiempo. Los astrónomos pueden ver muy lejos, pero si intentan ver más allá de 13 000 millones de años luz, estarían observando más allá de 13 000 millones de años en el pasado. ¡Eso sería antes de que el universo existiese, por lo que no habría nada que ver más allá de 13 000 millones de años luz!

NOTA DEL AUTOR

Pensar sobre el tamaño del universo, a menudo me hace sentir pequeño. Después de todo, existen miles de millones de galaxias, cada una con sus miles de millones de estrellas, alrededor de muchas de las cuales orbitan planetas. Nosotros, los humanos, somos solamente pequeños animales, viviendo en un pequeño planeta, con una delgada capa de aire protegiéndonos del frío del espacio. Me siento insignificante entre todas esas estrellas y galaxias, hasta que recuerdo lo especial que es que estemos aquí y que podamos imaginar nuestro lugar entre todas esas estrellas. En todo el universo, la Tierra es el único lugar que sepamos que alberga vida; y de todos los seres vivos que conocemos, la humanidad es la única especie que comprende la vastedad del espacio. Podemos albergar el cosmos en nuestra mente, y hemos empezado a comprender nuestro lugar en él. Eso es muy especial. A pesar de que seamos pequeños, no somos insignificantes, después de todo.

UNA NOTA SOBRE LA EDAD DEL UNIVERSO

Suele decirse que el universo tiene 13 800 millones de años, pero investigaciones recientes sugieren que podría ser más joven (posiblemente tan joven como 12 500 millones de años). Para este libro, he decidido usar un número redondo, 13, pero espero que los astrónomos encuentren una cifra más precisa en el futuro.

UNA NOTA SOBRE LAS ILUSTRACIONES

Las ilustraciones de este libro pretenden mostrar la escala de los objetos y las distancias en la Tierra y en el universo, y cada ilustración está hecha a escala. Con todo, me he tomado algunas libertades en el retrato del sistema solar y lo que está más allá de él, para comunicar mejor la estructura del cosmos. Los puntos que indican planetas y las texturas que indican el cinturón de asteroides y el cinturón de Kuiper son añadidos. A esa escala, los planetas, los cometas y los asteroides no serían visibles. Las imágenes de la Vía Láctea y más allá son interpretaciones artísticas, ya que la observación directa de esas escenas es imposible. Mi imagen de la Vía Láctea está basada en fotografías de galaxias con características similares a la nuestra. Las imágenes de nuestro vecindario galáctico muestran solamente la ubicación aproximada de las galaxias. Las ilustraciones de la telaraña cósmica y el universo observable muestran el patrón de la distribución de galaxias en el espacio, pero no representan galaxias reales. Están basadas en modelos computacionales y representaciones de encuestas *redshift* como la Sloan Digital Sky Survey.

BIBLIOGRAFÍA ESCOGIDA

LIBROS

BENNETT, J.; DONAHUE, M.; SCHNEIDER, N. y VOIT, M.: *The Cosmic Perspective: The Solar System*, (7.ª ed.). Nueva York: Pearson, 2014.

—: *The Cosmic Perspective: Stars, Galaxies and Cosmology*, (8.ª ed.). Nueva York: Pearson, 2017.

CHAMBERS, J. y MITTON, J.: *From Dust to Life: The Origin and Evolution of Our Solar System*. Princeton, Nueva Jersey: Princeton University Press, 2014.

GOTT, J. R.: *The Cosmic Web: Mysterious Architecture of the Universe*. Princeton, Nueva Jersey: Princeton University Press, 2016.

PÁGINAS WEB

Plantas, animales y edificios

- www.nationalgeographic.com/animals/
- https://plants.usda.gov/
- www.skyscrapercenter.com

Atmósfera de la Tierra

- www.nesdis.noaa.gov/content/peeling-back-layers-atmosphere
- https://scied.ucar.edu/atmosphere-layers
- www.weather.gov/jetstream/layers

Astronomía

- https://nssdc.gsfc.nasa.gov
- https://sci.esa.int/gaia/
- https://solarsystem.nasa.gov
- www.sdss.org/